Zhongguo Wenhua
Zhishi Duben

中国文化知识读本

古代兵器

主编　金开诚

编著　李忠丽

吉林出版集团有限责任公司

吉林文史出版社

图书在版编目（CIP）数据

古代兵器 / 李忠丽编著 . —长春：吉林出版集团
有限责任公司：吉林文史出版社，2009.12（2022.1 重印）
（中国文化知识读本）
ISBN 978-7-5463-1255-2

Ⅰ . ①古… Ⅱ . ①李… Ⅲ . ①兵器（考古）–简介–
中国 Ⅳ . ① K875.8

中国版本图书馆 CIP 数据核字〔2009〕第 223044 号

古代兵器

GUDAI BINGQI

主编／金开诚 编著／李忠丽
项目负责／崔博华 责任编辑／崔博华 曹恒
责任校对／王明智 装帧设计／曹恒
出版发行／吉林文史出版社 吉林出版集团有限责任公司
地址／长春市人民大街4646号 邮编／130021
电话／0431-86037503 传真／0431-86037589
印刷/三河市金兆印刷装订有限公司
版次／2009 年 12 月第 1 版 2022 年 1 月第 4 次印刷
开本／ 650mm×960mm 1/16
印张/8 字数/30千
书号／ ISBN 978-7-5463-1255-2
定价／ 34.80元

关于《中国文化知识读本》

　　文化是一种社会现象，是人类物质文明和精神文明有机融合的产物；同时又是一种历史现象，是社会的历史沉积。当今世界，随着经济全球化进程的加快，人们也越来越重视本民族的文化。我们只有加强对本民族文化的继承和创新，才能更好地弘扬民族精神，增强民族凝聚力。历史经验告诉我们，任何一个民族要想屹立于世界民族之林，必须具有自尊、自信、自强的民族意识。文化是维系一个民族生存和发展的强大动力。一个民族的存在依赖文化，文化的解体就是一个民族的消亡。

　　随着我国综合国力的日益强大，广大民众对重塑民族自尊心和自豪感的愿望日益迫切。作为民族大家庭中的一员，将源远流长、博大精深的中国文化继承并传播给广大群众，特别是青年一代，是我们出版人义不容辞的责任。

　　《中国文化知识读本》是由吉林出版集团有限责任公司和吉林文史出版社组织国内知名专家学者编写的一套旨在传播中华五千年优秀传统文化，提高全民文化修养的大型知识读本。该书在深入挖掘和整理中华优秀传统文化成果的同时，结合社会发展，注入了时代精神。书中优美生动的文字、简明通俗的语言、图文并茂的形式，把中国文化中的物态文化、制度文化、行为文化、精神文化等知识要点全面展示给读者。点点滴滴的文化知识仿佛繁星，组成了灿烂辉煌的中国文化的天穹。

　　希望本书能为弘扬中华五千年优秀传统文化、增强各民族团结、构建社会主义和谐社会尽一份绵薄之力，也坚信我们的中华民族一定能够早日实现伟大复兴！

目录

一　兵器的童年

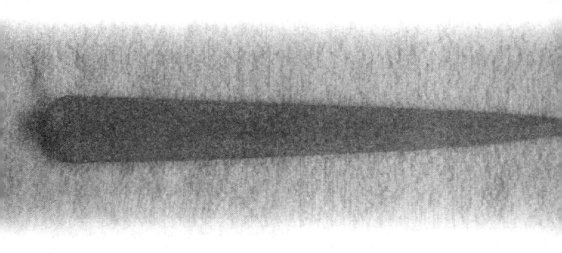

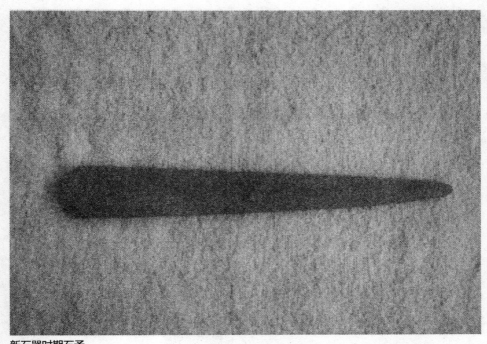

新石器时期石矛

（一）兵器和生产工具的分离

中国远古时期，人类的祖先为了生存，把石块、木棒、藤索等简单加工成斧、弓箭等生产工具，用其打猎来获取食物，并用这些工具来对付凶猛的野兽。随着历史的发展，社会的进步，原始社会逐渐出现了部落联盟，各部落之间为了争夺土地、人口、财富进行战争，在战争中，那些锋利的工具都被人们用来相互厮杀，所以那些生产工具也具有了兵器的功能。为了能够在战争中获得胜利，原来的生产工具已经不能胜任这份工作了，这就迫使人们去制作更加有威力的专门的杀伤工具，于是兵器逐渐从生产工具中分离出来。在原始社会晚期，随着社会生产力的发展，出现了私有制，逐步由部落联盟向阶级社会转变，为了获得更多的土地、人口和财富，战争频繁发生，专门用于杀伤的兵器开始出现了。

最初的杀伤性工具之一就是石器，其中重要的就是石斧，为了能够使石斧更具有杀伤力，古代的人们逐步改变了石斧的外形，减薄斧体，加大刃面，最终形成了专门用于作战的兵器。

除了石器之外，还有就是用木质材料制造的兵器，最典型的就是古代弓箭。弓箭这项发明，对远古的人类是极为重要的。它是人们利用机械储存原理的最早的例子。当时的弓箭的主体是选用有弹性的木料制成的，再用有刃性的弦把它牵紧。人们用力拉弦，就会迫使有弹力的弓体变形，把能量储存起来。当弦一松开，弓体得到复原的机会，立即迅速恢复原状，同时把储存的能量释放出来。这个过程是短促而且猛烈的，箭被远远地射向了远方。弓箭的发明和使用，使原始人类在渔猎活动中，可以比较容易地获得猎物，并且能制服凶

新石器时期石刀

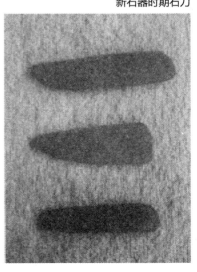

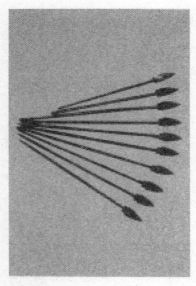
古代箭镞

猛的野兽。弓箭的最原始状态是：弓用单片的木头或竹子材料制成；箭仅仅是削尖了的木棍或是竹竿。以后，为了增加箭的杀伤力，开始在它的前端装上更加锋利的箭头，通常用兽骨或是石头等材料制成。为了增强箭在飞行中的稳定性，在尾部安装了鸟类羽毛制成的箭羽。随着社会生产力的发展以及战争的需要，古代的弓箭逐步的发展完善。

（二）涿鹿之战

中国史籍中记载的年代最久远的战争，无疑就是著名的涿鹿之战。那是在原始社会晚期，以黄帝为首的北方部落联盟和以蚩尤为首的南方部落联盟之间在涿鹿原野发生的一场激战。传说，涿鹿之战时，黄帝曾面对着笼罩涿鹿原野的漫天浓雾一筹莫展，他指挥部下四处探寻，还是难辨方向，一直无法摆脱蚩尤布下的重重浓雾。那些铜头铁额、头上生角的蚩尤部族，不时从雾中突然杀出，更令黄帝防不胜防，连吃败仗。幸好黄帝的臣子风后智慧非凡，造出指南车，这才辨明方向，摆脱敌人迷雾的困扰。不过前景并不乐观，蚩尤不但异

常勇猛，还是个出色的发明家，创造出各种锐利的兵器。他的属下兵器精良，使得黄帝很难对付，只得请水神应龙来帮忙。不料蚩尤早有准备，请来了风伯雨师，一时间天昏地暗、雷电交加，冲破了应龙的水阵。幸好黄帝也早有准备，请来了旱女魃做法，狂风暴雨顿时消失，天气晴朗。经过反复较量，黄帝终于打败了蚩尤。

关于黄帝和蚩尤的涿鹿大战的神话传说，正是我国古代兵器战争中最初应用的传说。在古代传说中，常常把多种兵器的发明归功于黄帝和他的一些臣子，或是把发明兵器的荣誉归

人文初祖黄帝像

功于那位战败的南方部落的首领蚩尤。在《孙膑兵法》中还记述了剑是黄帝发明的。《世本》中说蚩尤发明了"五兵"。在汉代的绘画和雕刻中出现的蚩尤像，仍是一个似人似兽的怪物，头顶、手中、身旁配持有各种兵器。关于蚩尤的下场，除了被黄帝杀死的说法以外，另一种说法是在涿鹿之战之后，黄帝并未杀死蚩尤，而是让他主持军事，后来成为军神，受到人们的称颂。《史记·五帝本纪》的注文《龙鱼河图》中记载，上天差遣玄女下凡传授黄帝兵法，才制服蚩尤，然后黄帝让蚩尤主兵，以治理天下。后来蚩尤死了，天下大乱，黄帝又将蚩尤的画像送到各地，以表明他并没有死去。人们以为蚩尤还活在人间，因此又臣服于黄帝。到了汉代，都城都建有蚩尤祠，并且离存放兵器的仓库很近。古代黄帝把蚩尤尊为军神，这种祭祀蚩尤的做法在中国沿袭了很久，直到唐代还保持着出兵祭祀蚩尤的习俗。

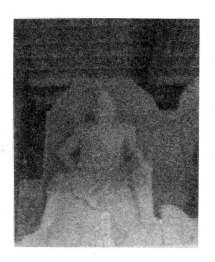

蚩尤石像

（三）后羿射日的神话

世界年轻时，天空曾一齐出现十个太阳。这些太阳的母亲是东方天帝的妻子。

她常把十个孩子放在世界最东边的东海洗澡。洗完澡后，他们像小鸟那样栖息在一棵大树上，因为每个太阳的中心是只鸟。九个太阳栖息在长得较矮的树枝上，另一个太阳则栖息在树梢上，每夜一换。　　当黎明来临时，栖息在树梢的太阳便坐着两轮车穿越天空。十个太阳每天一换，轮流穿越天空，给大地万物带去光明和热量。　　那时候，人们在大地上生活得非常幸福和睦。人和动物像邻居和朋友那样生活在一起。动物将它们的后代放在窝里，不必担心人会伤害它们。农民把谷物堆在田野里，不必担心动物会把它们劫走。人们按时作息，日出而耕，日落而息，生活美满。人和动物彼此以诚

后羿射日雕像

相见，互相尊重对方。人们感恩于太阳给他们带来了时辰、光明和欢乐。　　可是，有一天，这十个太阳想到要是他们一起周游天空，肯定很有趣。于是，当黎明来临时，十个太阳一起爬上车，踏上了穿越天空的征程。这样一来，大地上的人们和万物就遭殃了。十个太阳像十个火团，他们一起放出的热量烤焦了大地。森林烧成了灰烬，烧死了许多动物。那些在大火中没有烧死的动物流窜于人群之中，发疯似的寻找食物。河流干枯了，大海也干涸了。所有的鱼都死了，水中的怪物便爬上岸偷窃食物。许多人和动物渴死了。农作物和果园枯萎了，供给人和家畜的食物也断绝了。人们在火海里挣扎着生存。这时，有个年轻英俊的英雄叫做后羿，他是个神箭手，箭法超群，百发百中。他看到人们生活在苦难中，便决心帮助人们脱离苦海，射掉那多余的九个太阳。

后羿射日

于是，后羿爬过了九十九座高山，渡过了九十九条大河，穿过了九十九个峡谷，来到了东海边。他登上了一座大山，山脚下就是茫茫的大海。后羿拉开了万斤力弓弩，搭上千斤重利箭，瞄准天上火辣辣的

后羿射落了九个太阳

太阳，嗖地一箭射去，一个太阳被射落了。后羿又拉开弓弩，搭上利箭，嗡地一声射去，同时射落了两个太阳。这下，天上还有七个太阳瞪着红彤彤的眼睛。后羿感到这些太阳仍很焦热，又狠狠地射出了第三枝箭。这一箭射得很有力，一箭射落了四个太阳。其他的太阳吓得全身打颤。就这样，后羿一枝接一枝地把箭射向太阳，无一虚发，射落了九个太阳。中了箭的九个太阳无法生存下去，一个接一个地死去。他们的羽毛纷纷落在地上，他们的光和热消失了。大地越来越暗，最后只剩下一个太阳的光。　可是，这个剩下的太阳害怕极了，在天上摇摇晃晃，慌慌张张，最后躲进大海里去了。天上没有了太阳，立刻一片黑暗。万物得不到阳光的哺育，毒蛇猛兽到处横行，人们无法生活下去了。人们便请求天帝，唤最后一个太阳出来，让人类万物繁衍下去。　　一天早上，东边的海面上，透射出五彩缤纷的光芒，接着一轮红彤彤的太阳从海面升起来了。人们看到了太阳的光辉，高兴得手舞足蹈，齐声欢呼。从此，这个太阳每天从东方的海边升起，温暖着人间，禾苗得以生长，万物得以生存。后羿因为射杀太阳，拯救了万物，功高盖世，被天帝赐封为天将。后与仙女嫦娥结为夫妻，生活得美满幸福。

　　在这个美丽的神话传说中，古老的远射兵器弓箭，得到了神奇勇士般的赞美。古代传说描述了后羿的丰功伟绩，也因此把弓箭的发明归功于他。没有弓箭，后羿是无法完成他的丰功伟业的。弓箭的发明，对远古的人类是有着重要意义的。下面细说一下弓箭的发展历程。　　中国古代兵器弓弩是弓箭的前身，在旧石器时代，人类的主要生产活动是狩猎。当时的原始人类

古代弓弩

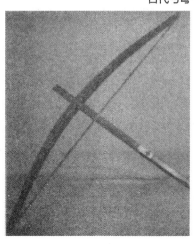

使用打制过的石块、削尖的木棒等向各种猎物投击，但投掷距离毕竟有限。后来，人们发现木制棍棒受外力弯曲变形，而外力一经消失，木棒突然恢复原状时会产生较大能量，于是选取有弹力的木材或竹材，用坚韧的弦将其弯曲固定，制成了人类历史上最早的弓箭类武器。对于当时以狩猎为主的原始氏族部落，弓箭的应用具有重大的意义。　通过大量的考古发现，可以知道我国原始弓箭的构造。1963 年，在山西朔县的旧石器遗址中发现了一枚石镞 (zú)。其长约 28 毫米，加工精细，前锋锐利，经放射性碳素测定年代，距今 28 900 多年。它是我国发现最早的石镞。不过《易传·系辞》就已经记载了"弦木为弓，单木为矢"(即弓仅是单片的木头制成，箭是削尖的木棍) 的原始弓箭。由此可见，中国古老的先民懂得制造和使用弓箭的具体年代，要比能够制造这种石镞的年代早得多，至少也是距今三万年以前。　其后，古人类不断改进手中的生产工具和战斗工具，使得弓箭也紧紧跟随着人类前行的脚步而演进。当人类社会进入新石器时代时，箭镞由原来的打制石镞逐渐演变为精细的磨制石镞。同时为了能使石镞牢牢地固定在箭杆上，镞的

牛角弓

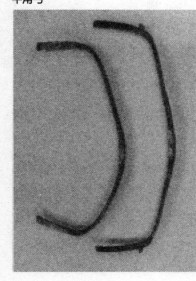

后部逐渐加长成为铤，并加上了使箭飞行稳定的尾羽。

古代弓箭发展成具有锋刃的一种远射兵器。弓由弹性的弓臂和有韧性的弓弦构成；箭包括箭头、箭杆和箭羽。箭头为铜或铁制，杆为竹或木质，羽为雕或鹰的羽毛。弓箭是中国古代军队使用的重要武器之一。

弓有牛角弓、复合弓和滑轮弓，后两种弓都是现代材料制成，一般作为比赛用具。牛角弓是中国古代弓箭的巅峰之作，到目前为止也不亚于现代材料制作的弓。牛角弓由牛角、竹木胎、牛筋、动物胶等材料经过百十道工序加

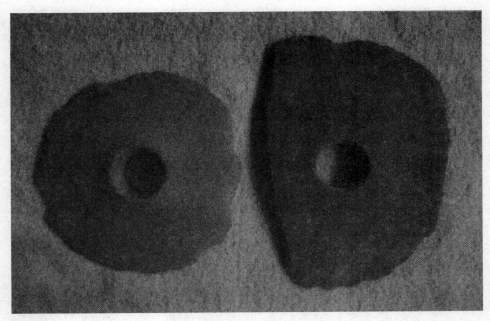

石盘利器

工而成，技术难度高，制作周期长，却不能长期保存，最长也就能保存百十年。弓箭作为古代战上的重要武器，最终被枪炮所淘汰，传统弓箭文化从此成为历史，现如今会制作传统弓箭的人寥寥无几。

（四）史前兵器

原始战争的严酷和频繁，促使原始社会开始向阶级社会转变，兵器最终和生产工具分离。

原始人加工过的木棒是最古老的兵器之一。原始人同猛兽搏斗、狩猎都离不开木棒。当人们要把木棒改变为武器的时候，必须改变木棒的形状和质量，以适应战争的需要。由于木棒质地的原因，要想保存到现在是不可能的，到目前为止，所有的新石器时代遗址的发掘中，都很难找寻到原始木棒的踪迹。这样一来，对这种兵器的了解，只能从民族学方面的有关资料中获得启示。在我国台湾省兰屿居住的耶美人，在 20 世纪初还处于原始社会。他们使用的就是大木棒，长达 2.8 米，木棒头部类似于大刀的形状，在大棒中部又削得较细一些，为了是方便用手握住。这种大木棒，在耶美人的战争中，是一种厉害的兵器。

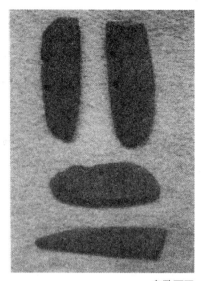

有孔石刀

为了在战争中更加有效作战，原始人在木棒的一端安装一块石头，就形成了原始的石锤。开始石锤头是用石头敲打成的，形状不太规整。为了使木柄牢固，在锤头中心钻个圆孔，又在锤头的边缘磨出齿刃。

把细长木棒的头部削成尖状，就是最原始的矛枪，可以用于向前扎刺。又发展到在木棒上面绑上石头或者骨头，成为打猎的重要工具之一，以后又转化为原始的兵器。

戈是中国古代具有特色的兵器，戈的雏形在广东地区一些新石器时代遗址中已经发现。可能起源于原始社会农业中使用的石镰或蚌镰，都是收割庄稼的工具，原始人受到这两种工具的启示，创造了戈这种兵器。

在原始社会还有一种小型的防身兵器，主要是匕首和短矛。匕首可以防备一些突然发生的危险。匕首的制成材料多种多样，有骨质的，也有石质或角质的。在新石器时代匕首的磨制是极其精致的。

以上我们所介绍的都是攻击性的武器，但是面对进攻性武器的威胁，人们也必须想方设法保护自己，于是出现了相应的防护装备。在防护装备中最早使用的是盾牌。原始的盾牌是相当简陋的，最初是使用藤木之类

石镞

古代兵器

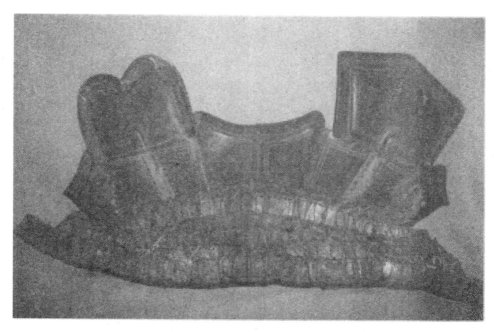

铠甲

的材料制成。除此之外还有用木质材料做成的，后来又在木质盾牌的外面加上了兽皮，防护的作用增强了。

　　除了盾牌之外，还有一种防护装备就是穿在人身上的护甲。据说原始的护甲是受到动物的启示所制造的，动物用甲壳来保护躯体，因此人们也开始在身上裹上一些东西，以防止进攻性武器的伤害。最原始的护甲就是用一些植物的藤枝。后来随着社会生产力的发展，人们逐渐采用动物的皮来缝制护甲，并且还附带制成了头盔。

　　到了新石器时代晚期，原始的进攻性兵器和防护性兵器已经初具体系。进攻性的兵器有弓箭、

秦始皇帝陵出土的石甲胄

石斧、矛、戈、匕首等，防护装备主要是甲
胄和盾牌，多用藤条、皮革等材质制成。

随着原始社会的瓦解，生产力水平的提
高，人们对财富和权力的欲望不断增强，兵
器最终从生产工具中分离出来，并且逐步形
成兵器体系，我国的兵器有了一个良好的开
端。

二　辉煌的青铜兵器

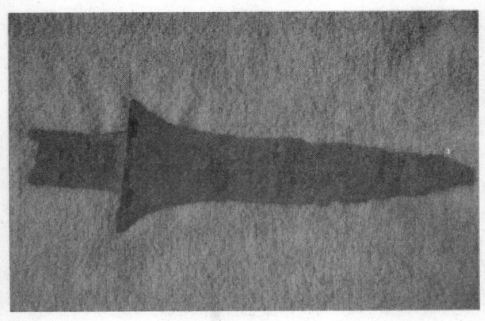

青铜戈

（一）进入青铜时代

公元前 2070 年，夏启建立了中国历史上第一个王朝 —— 夏朝。大约在同一个时期，中国也由石器时代进入到了青铜器时代。青铜器时代大体经历了夏、商、西周、春秋到战国两千多年的时间。对青铜冶炼技术的掌握，使得人们开始用青铜冶炼兵器，使我国的兵器制造进入到青铜时代。

在人类社会迈入青铜时代的门槛之前，人们对金属早已经有了初步的认识。最早被人们认识的大约是自然界中天然存在的红铜，它有可能是在人们寻找各种适合制造工具的石料的

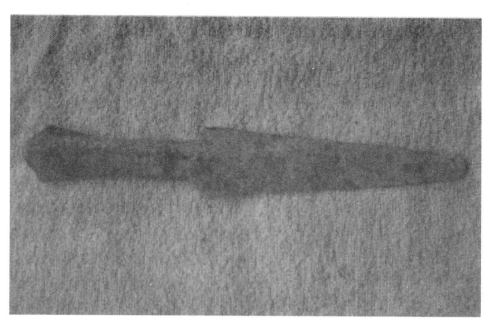

时候被发现的。红铜相对于石料来说有很多
优点，更坚硬，并且富有光泽，于是在大量
的石质工具中有着明显的优势。人类经历了
很多的艰辛的摸索之后逐渐探索出冶炼金属
的方法，进入到了青铜器时代。至于在我国
古代人们何时开始冶炼红铜，到目前为止还
没有找到准确的答案。

　　远古的人们从开始利用自然界的红铜制
造工具和冶炼早期青铜器，到能够熟练地掌
握铜、锡、铅的合金技术，经历了长期的实践。

（二）商朝的青铜兵器

　　目前在我国发掘的最早的技术成熟的青

鸷头青铜钺

铜器，是在距今约四千年以前的二里头文化遗址中发现的。在河南偃师二里头遗址的发掘中，发现了一些化铜炉的残壁和铜渣，以及铸造铜器时使用的泥质铸型 —— 陶范的碎块。它们的出土说明当地有冶铸青铜器的作坊。这些发现表明当时的青铜冶铸技术已经具有一定的规模。在遗址的出土品中有戈、镟、镞等青铜兵器，它们是目前已经知道的我国最早的青铜兵器。虽然在二里头遗址发掘中获得的青铜兵器数量不多，器类不全，但是我们可以从这些铜制品中看出兵器和生产工具已经分离了。

二里头遗址中出土的第一种青铜兵器是箭镞，属于远射兵器。镞体是扁平的，在后面有一个可以插箭杆的东西，但是有些的形状不是很规范的。

二里头遗址出土的第二种青铜器是铜戈，属于格斗兵器。形状像一柄镰刀，只是上下都有利刃，前锋形成尖峰。戈是我国古代具有鲜明民族风格的兵器，在这一时期它的基本特征已经形成了。

二里头遗址出土的第三种青铜兵器是铜镟，从形状来看它是从古老的斧类工具演变而成的。

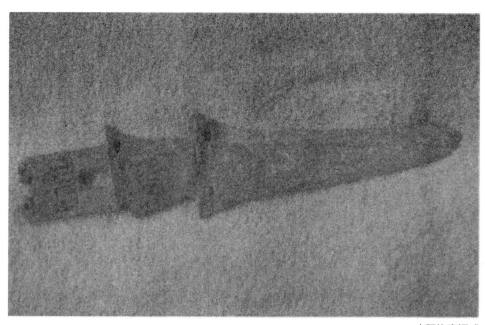

太阳饰青铜戚

　　总体来看二里头遗址出土的青铜兵器的铸造技术已经有了一定的水平了，因此可以推断青铜兵器的出现时代要比二里头遗址的青铜器铸造时间更早。

　　在中国大地上，青铜兵器不仅出现在中原，在西北的一些古代文化中也同样出现了铜制兵器，例如甘肃发现的火烧沟类型文化。在火烧沟发掘的三百多样墓葬品中有三分之一以上是铜器，其中也包括大量的铜制兵器，这一地区是古代羌族居住的地方，可以反映出我国灿烂的文化是各民族共同创造的。

　　在夏王朝的时候，活动在黄河流域中下游

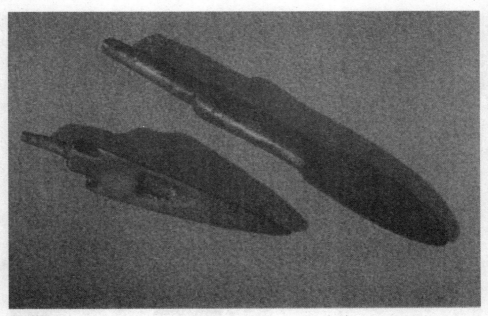

青铜箭镞

地区的商族势力不断强大，并最终起兵灭掉了夏朝，建立了我国历史上的第二个奴隶制国家。中国古代的青铜文化在商朝时达到了高峰，青铜的冶炼技术有了较大的发展。

随着奴隶制国家的巩固和发展，国家机器日益强化，为了对外征伐和对内镇压，商朝建立了强大的军队，这样就需要大量的军事武器，并且为了增强战斗力要不断提高武器的制造质量。从出土的商朝青铜兵器来看，商代已经形成兵器体系，主要有远射兵器、格斗兵器和护体兵器，并且配备了必要的防护装备。

商朝的远射兵器主要是弓箭，在箭端普遍

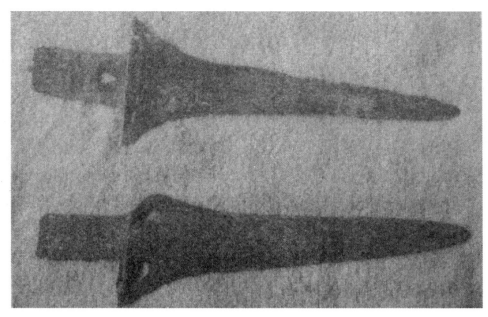

使用青铜的箭镞。

　　用来格斗的兵器主要是戈、大刀等。戈是一种格斗类进攻型长兵器。它的形制特殊，大概是受到石器时代的石镰、骨镰或陶镰的启发而产生的，它流行于夏商周的青铜时代，主要装备在战车上。戈是先秦时代最重要的兵器之一，对后来兵器的发展产生了深远影响，这种影响甚至超越了兵器本身，渗透到古代文化中。"干戈"是古代兵器的总称，甲骨文中已经有了干和戈字。干最早是分叉的树枝，用来抵御野兽和敌人的进犯，是原始社会人类的防御武器；戈则是在木杆上绑

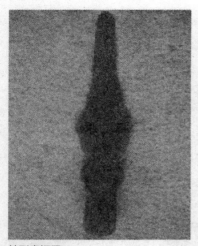
蛙型青铜矛

上有刃的物品，用于收获或狩猎，后来发展成兵器，古代长期将干、戈作为防御和进攻两大类武器的代表。干、戈到了后代，甚至在戈已经退出兵器行列之后，仍然在社会上流传着诸如大动干戈、反戈一击、金戈铁马、化干戈为玉帛等等词汇，它们已经融入到我们的文化中。

铜戈在二里头文化中已经出现了，但原始形状还是近似于镰刀，在商代则有了进一步发展，戈是商代最主要的格斗兵器。1967—1977年，河南安阳殷墟发掘出二百三十件铜戈。对青铜戈的改进表现在两个方面：一方面是改进戈的锋利程度，目的是增强杀伤能力；另一方面是改进和戈头连接的部分的牢固程度，使戈头在战斗中勾杀时不至于脱落。古人通过聪明的才智，改进了戈，有利于战争的需要。

格斗兵器中另一个重要的兵器就是矛，商代的青铜矛铸造成具有长"骹"的宽叶形状，骹部中空，用来安装矛柄，在骹部的两侧带有两个半圆形的双环，这样可以把矛头牢固地绑缚在柄上，还可以挂上漂亮的矛缨。从出土的数量来看，在殷墟出土的矛要比戈少得多，铜矛仅有七十件，

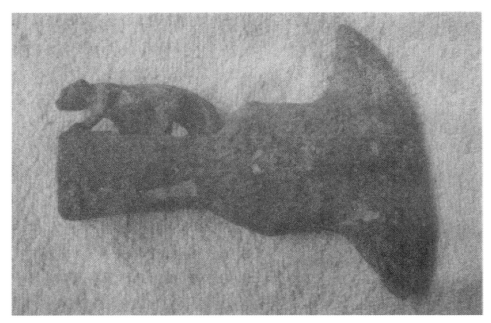

还不及铜戈数量的三分之一。但这两种格斗兵器在殷墟出土的兵器中，所占比重是最多的，说明这两种兵器在商代战争中发挥了重要作用。

除了戈和矛外，格斗兵器还有钺。钺为宽体阔刃，刃圆弧而两角微向上翘，出土的数量较少，没有戈和矛普遍。有的铜钺铸造得很大，上面有令人害怕的各种图案。例如在妇好墓中出土一件大青铜钺，铸有两只凶恶的老虎张开血盆大口想要吃中间的一个人头，显得面目狰狞恐怖，并且带有妇好的铭文，妇好曾经做过主将带兵四次出征，所以

辉煌的青铜兵器

这种大的钺，是主将身份的象征。

商代的另一种格斗兵器是铜刀，铜刀按照形状分为两种：一种是形体比较大，一般长 30 厘米 —40 厘米，凸脊凹刃，在刀的柄端常常铸出动物的头像，如马头、牛头或羊头；另外一种较短，一般比较轻便，适于近体格斗。

商代的防护装备，有盾牌和甲胄。在殷墟发现的青铜甲胄总数有约一百四十顶以上，这些甲胄表面有精美的图案纹饰，打磨光滑，但是在胄的里面还保持着铸造的粗糙面，凹凸不平，凡是有纹饰的部分都向外凸出，以此可以推断出，在胄的里面会有软的织物作衬里，或是将胄戴在头巾的外面。盾牌，在

青铜钺

古代兵器

商代青铜盾牌

殷墟的墓葬中也发现过残迹，是用木材做成框架，上面再蒙上皮革，在盾的面上涂上漆，有的还画有老虎图案。盾面近似长方形，只是下底比上边要宽些，盾牌高约 80 厘米—90厘米。

通过以上对商代的兵器的介绍，我们可以看出商代兵器的制造工艺、形体特征和使用性能各方面都到达了比较成熟的阶段。西周时期，青铜兵器使用更加广泛，在战争中发挥了更加重要的作用。

（三）牧野之战

公元前 1046 年，原野上齐整地排列着一支几万人组成的大军，军队的主力是由四匹骏马托驾的木质双轮战车。这是周武王率领的军队，拥有兵车三百乘，甲士四万五千人；还有盟军，那是与周人联合的一些部落派来的军队。大军渡过黄河以后又行军六天，到达商都朝歌以南七十里的牧歌，等待聆听周武王临阵誓言。武王来了，他左手杖黄钺右手秉白旄，誓师礼开始，这就是历史上有名的"牧誓"。随后周军与商军在牧野展开了战斗，纣王的军队人数虽然远远超过周人及其同盟军，但他们是临时组织起来的乌合之众，很多士兵对商纣王的倒行逆施早就十分痛恨，不再愿意为商王卖命，所以一遇到周武王军队的冲击，商军就动摇混乱，奴隶们纷纷倒戈，致使商的军队土崩瓦解溃不成军。纣王见大势已去，便逃进露台自焚而死。周武王当时在牧野的誓词，也保留到现在，从他开始命令全军"称尔戈，比尔干，立尔矛，予其誓"的话中可以了解到当时军队的主要装备：格斗兵器是戈和矛，防护装备是干，即盾。武王在誓师中手中所握黄钺这种兵器当时是权威的象征。据《史

牧野之战地图

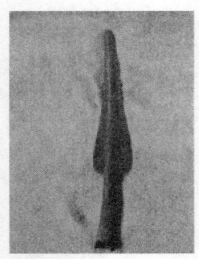
柳叶形滇越剑

记·周本纪》记载，牧野之战后第二天，武王进入商都时，大臣用剑护卫武王，说明当时将领已使用剑作为保卫武器。通过考古发现，可以证实这些记载可靠的，也反映出当时军中主要兵器的实际情况。出土的西周时期的兵器，数量最多的是戈，其次是矛，都是青铜制成品。防护装备的盾，虽然木质或皮质部分已朽毁，但还保留有很多青铜的盾；也发掘出土了当时使用的木质战车，以及车上装备的青铜饰品。从这些青铜制品可以看出，西周的青铜兵器，工艺水平已经相当高了。

西周的铜镞还是沿袭了商代铜镞的那种薄翼厚脊，双翼前聚成锋，后有倒刺的形状，但有所改进。早期的双翼的夹角和商代近似，角度都较小。在白草坡出土的二百多枚铜镞，形状基本相同。格斗兵器仍旧以戈为主，它的形状基本上沿袭商朝戈的特征但略有变化。在西周的护身兵器中已经看不到商代那种凸背凹刃的短刀或短剑，取而代之的是青铜剑。西周的青铜剑比较短，剑身细长近似柳叶形状。西周时期的防护装备，主要是盾和甲胄。此时的盾饰样式更加的多了，盾饰一方面是起到加强防护的作用；另一方面则可以达到威严吓人的效果。有关西周出土的甲胄的资料不是很多，据有限的资料来看，此时的甲胄同商代不同之处就是在甲胄的面上没有纹饰，而是多了一种甲泡，类似于古代的铜镜，起到增强保护的作用。

（四）春秋战国时期的青铜兵器

春秋以来青铜兵器的质量和产量都较商朝和西周时期有较大的提高，主要是由于青铜冶炼工业有了进一步发展。到了春秋时期，铜矿的开采和冶炼，都到达了空前的规模，当时采矿、冶炼和铸造业之间，有了内部的分工，而且铜矿的开采和冶炼技术都已经达到较高的水平，

青铜钺

辉煌的青铜兵器

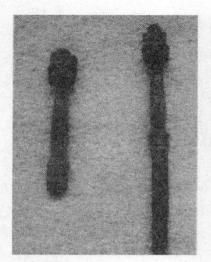

人头形权杖

鞋形铜钺

这就使得扩大青铜器的产量有着雄厚的物质基础。以在湖北省黄石市铜绿山古铜矿发掘获得的资料为例，在古矿井附近发现有古炼炉遗存，以及大量炼铜后弃置的炉渣。炉渣的总量估计多达四十万吨左右，据此可以推断出古代提炼的红铜当在四万吨左右，这些红铜都分运各地去铸造青铜器。

春秋战国时期的兵器与之前商周相比有了新的变化，主要表现在两个方面：

一方面是改进了兵器的外形，为了能够提高战斗力。在远射兵器中，首先改进了青铜镞的外形。春秋时期开始出现了镞体呈三棱形的新型铜镞，战国以后，三棱

孙膑像

形的铜镞淘汰了过时的双翼三锋镞，三棱形成
为铜镞的标准形状，增强了箭的杀伤力和穿透
力。这一时期除了对铜镞的改进之外，弓的制
作也更加精良。此外，格斗兵器中的矛和戈的
形体都有改进。

　　另一方面是增加了新型的兵器，在远射兵
器方面开始在队伍中装备了弩，用弩作为主要

辉煌的青铜兵器

庞涓墓

兵器并起到决定性作用的著名战役，当属战国时齐魏之间发生的马陵之战。战国时期有位著名军事家孙膑，曾与后来为魏惠文王效力并受到重用的庞涓同窗学习兵法。庞涓志大才疏，自知才德不及孙膑，便使用阴险的招数将孙膑骗到魏国，又设计加害，使孙膑受到挖掉膝盖骨的刑罚，以为这样孙膑就永无出头之日了。古代将挖出膝盖骨的刑罚称为膑刑，孙膑之名由此而来。这时齐国派遣使者到达魏国，孙膑得知后偷偷地去见齐国使者。双方谈了很多，齐国使者认为孙膑绝不是等闲之辈，在军事思想上有很深的造诣，于是就用车将他悄悄地偷运到齐国。来到齐国后，齐

庞涓与孙膑同时在鬼谷子门
下求学，后被魏国拜为元帅

将田忌为孙膑独到的军事理论才能所折服，非
常敬重孙膑，并将他推荐给齐威王。爱才心切
的齐威王虚心请教孙膑并且拜孙膑为师。孙膑
在齐国导演了两场中国古代历史上著名的战
役，一个是围魏救赵，一个是马陵之战。

公元前 343 年，魏国联合赵国攻打韩国，
韩国急忙向齐国求救，齐国派遣田忌任主帅、
孙膑为军师的数十万大军向魏国进发。正在前
线的庞涓闻讯慌忙率军返回魏国，一路上马不
停蹄地向西追赶齐军。庞涓求胜心切，连追三
日，看到齐军的灶火从第一天十万个逐日减
少，第三天只剩下三万个，非常自信地判断出

辉煌的青铜兵器

齐军已经大半逃亡，于是甩开步兵，率骑兵急追齐军。由于对庞涓非常了解，孙膑料到他会上当受骗，在傍晚时候便赶到山间古道马陵，集中了万余名射手埋伏在此，这些士兵手中握弩，等待魏军进入到埋伏圈。轻敌大意的庞涓在夜幕时分果然如期而至，他举着火把还没有认真读完孙膑刻在树上的"庞涓死此树下"这几个字，数万支强弩便一齐将利箭射向魏军。没有丝毫准备的魏军一时大乱，来不及应战便纷纷坠马倒地，眼见大势已去庞涓自杀身亡。齐军能够取得胜利，与弩在军队中大量使用有关。

弩的构造比较复杂，它是在弓上安装木臂并加有机械装置，主要由臂、弓、机三部分组成。

弓弩前部

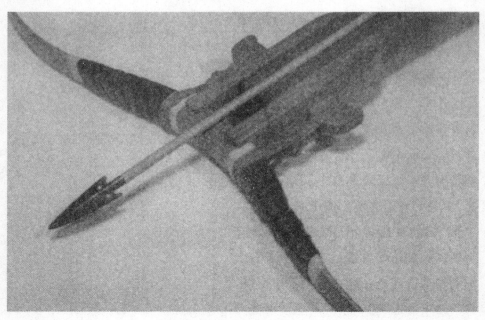

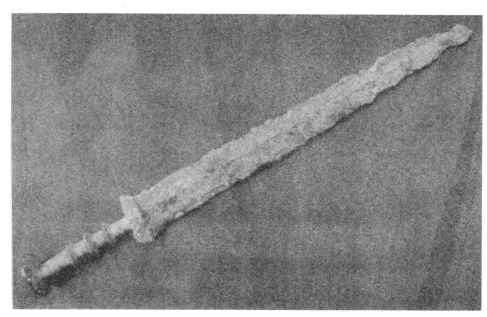

弩弓一般是由多层竹材合制，形似扁担；弩臂用木制成，前端有一个横贯的用来固定弓的容弓孔，使弓固定在臂上而不左右移动；木臂的正面有一条放置箭的沟形矢道，使箭能在发射后直线飞行；弩机安装在木臂的后部，春秋战国为青铜制。

弩除了使用人的臂力张弓外，还可以用脚蹬、腰引，甚至用绞车的方式张弓，集中几个人甚至众多人的合力，克服了弓仅仅局限于人臂张弓发射力小的弱点，因此其强度和射程也比弓增大了数倍。

在格斗兵器中，从春秋起开始出现短柄的剑，剑在春秋墓出现时，已不是西周那种体短的柳叶形青铜剑，而是有脊，茎和刃的区别明显，茎端

吴王夫差剑

有圆形剑首，最长的已经接近40厘米。在春秋晚期，铜剑已经很典型了，例如在长沙浏城桥出土了四把铜剑，最有名的是吴王夫差剑和越王勾践剑，在剑上都有铭文。此时还出现了格斗兵器戟，在春秋战国时期的战斗中也发挥了重要作用。

纵观从夏朝到春秋战国这一段时期，兵器所使用的材料以青铜为主，并在各国的纷争战斗中不断得到改进，到了战国时期已经很完善了，但是随着社会的发展，新的兵器材料也出现了，那就是铁制兵器。

三　钢铁兵器登上历史舞台

（一）铁制兵器的出现

春秋战国时期是我国历史大变革时期，此时期是我国从奴隶社会向封建社会过渡的时期，社会性质的变革是与我国社会生产力的发展分不开的，在过渡到封建社会的过程中生产工具和武器装备的制造材料也发生了重大的变化。

春秋时期铁器登上了历史舞台，是促进奴隶制向封建制过渡的一个重要因素。用钢铁制造兵器引起了兵器生产的巨大变革，这个变革是从战国时期开始的，从而在军事领域里引起了一系列意义深远的变化。早在商代，就发现了有利用铁制成的兵器，但是那

铁剑

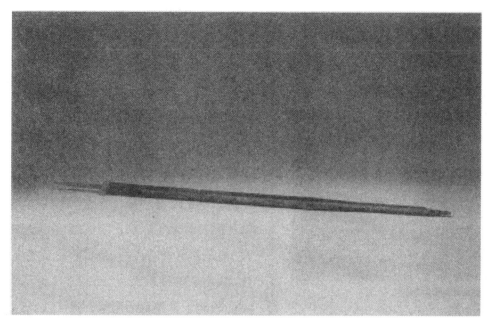

铁剑

并不是人工冶炼的，而是利用了在自然界找到的陨铁。人们把陨铁锤炼成薄片，镶嵌在青铜武器的刃部。据我国考古发现，在春秋晚期，我国已经发明了在800—1000℃下用木炭还原铁矿石的办法，炼得比较纯净但质地疏松的铁块，可以用来炼造成兵器。随着冶铁技术的发展，到了战国中期，铁器的使用就比较普遍了。在湖北铜绿山发现的战国中晚期矿井中出土的铁工具说明当时已经具备了制造铁兵器的技术条件。根据古代文献记载，在战国时期已经有铁制的铠甲并使用了铁剑、铁杖作为兵器。在《荀子·议兵篇》

秦始皇帝陵兵马俑

里讲到秦昭王在和范雎谈话时，赞扬楚国的铁剑锐利。在解放后对战国时期的楚国疆域内的墓葬挖掘中，曾经多次获得铁质的兵器，有剑、戟、矛、镞等，其中以铁剑居多，有个别的铁剑长达 1.4 米，比当时通常使用的青铜剑要长一倍左右，一般的铁剑的长度也有 70 厘米—80 厘米。此时期矛的长度也是较长的，它们的器形也与青铜制的同类兵器不同，开创了以后在汉代流行的新形式。但是最具有特点的，是戟的形状的变化，从出土的铁戟看，已是到了卜字形了，完全脱离了青铜戟的形状，到了汉代这种样式的铁戟就完全取代了战国时期流行的青铜戟，并成为军队中装备的标准长柄兵器。在战国晚期铁制的铠甲已经出现了。锐利的铁兵器和青铜兵器相比，其进攻性和杀伤力都有了提高，这就自然引起了军事技术方面的变革。但是在战国晚期，铁制兵器和防护装备没有大规模生产，以燕国来讲，军队中主要的装备还是大量的青铜兵器，从全国范围内来看，铁兵器的制造和生产技术水平不是很均衡。从陕西西安出土的秦始皇陵兵马俑中的兵器，大部分都是青铜制成的，这说明在战国末年我国各地铁兵器的生产是不均衡的，兵器虽然出现在战争中，但还不是舞台上的主角。铁制兵器作为战争的中主要兵器是在汉朝。

（二）汉朝时期的铁制兵器

公元前 209 年，爆发了中国古代第一次农民大起义。秦朝政府征发九百人开赴渔阳（今北京密云）戍守，但是在行进的途中遇到了大雨，按照秦朝的法律，延误戍守的时间，就会被杀头，加之人们对秦朝腐朽统治的强烈不满，在陈胜、吴广的领导下举起了反秦的义旗。农民起义席卷全国，摧垮了秦朝的残暴统治。之后是持续四年的楚汉战争，最后以刘邦胜利，项羽失败而结束。刘邦建立了汉朝。

汉代兵器铁戈

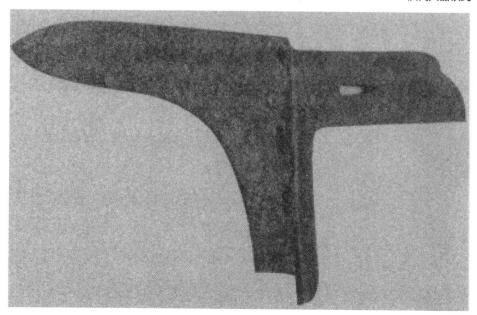

钢铁兵器登上历史舞台

在汉朝时期，铁制兵器得到广泛应用，青铜兵器逐渐退出了历史舞台。由于冶炼技术的提高，使铁制兵器的质量也有了很大的提高，品种日益增多，数量日益扩大，于是铁制成的兵器最终排挤了青铜制成的兵器，最后除了弩机和一部分消耗性的箭镞以外，青铜兵器就从战争舞台上消失了。在西汉初期，青铜的戈、矛和戟还被大量使用。到汉武帝时期，一方面是由于战争的需要，另一方面由于官府设置了大量的管铁的官员以及出台很多管理铁的开采和生产的措施，加之钢铁冶炼技术的发展，铁制武器的比重日渐增大。在洛阳金谷园和七里河发掘的一批西

汉代兵器镶铜铁铜

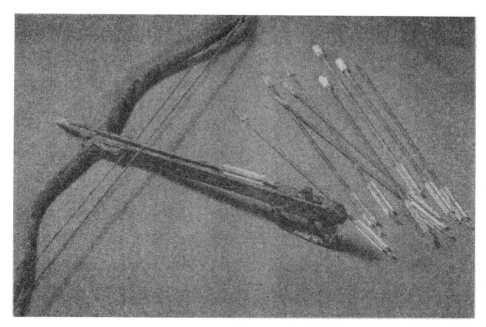

汉中期到王莽建立新朝前后的墓葬中，出土
了大量铁剑、铁刀、铁戟、铁盔甲，仅仅是
长度超过 80 厘米的铁剑就有三十七把，而同
时出土的青铜兵器，只有弩机和箭镞两种，
可能是由于工艺方面的原因，弩机直到魏晋
南北朝时期还是用青铜铸造的，它就成为最
后退出战争舞台的青铜兵器。又如在洛阳烧
沟发掘的一批西汉中晚期的墓葬里，所出土
的剑、刀、矛等兵器，也都是铁质的。至于
在西汉都城长安的武库遗址的发掘中，所获
得的兵器主要是铁质的，有刀、剑、矛、戟
和铠甲等，尤其是铁镞数量较多，青铜的兵

东汉时期铁镞

器主要是箭镞，其数量只有铁镞的十分之一左右。在西汉时期还能经常看到的青铜兵器，到了东汉时期就是偶尔才出现了，从考古出现的兵器主要都是铁质兵器。

汉代军队正式装备的兵器中，能远射兵器主要是弩和弓；格斗兵器有戟、矛、刀、剑；防护装备是铠甲和盾牌。此外，也有用以锤砸和劈砍的锤、钺斧等，还出现了既能攻又能守的兵器——钩镶。

弓箭是骑兵不可缺少的兵器。依据考古发掘获得的材料，汉代箭上的镞已经开始大量用铁来制造了，在长安武库遗址和满城刘胜墓的发掘工作中，都获得了数量很多的钢铁镞，用锻造的钢来制造箭镞，自然比青铜铸造的箭镞的性能要好很多。

在汉代的远射兵器中，弩的使用比弓要广泛，汉代的弩比战国时期的弩有了很大的改进。战国时期，弩的扳机部分虽然是铜制的，但是它都直接安在木弩臂上的槽里，但是到了汉代，普遍在扳机外面围上铜的廓。这种改进，使弩机可以承受更大的力，因而可以射得更远，更加有威力。

和西汉的弩一起被视为西汉军队中最精良的兵器，当时常称"劲弩长戟"。长戟是汉代最主要的格斗用长柄兵器，骑兵和步兵

长戟

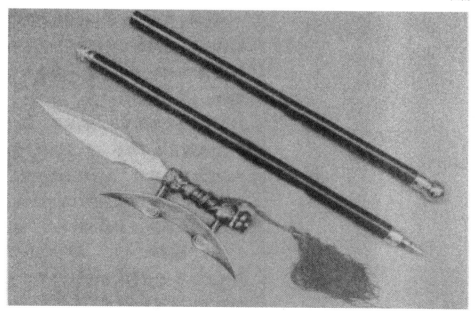

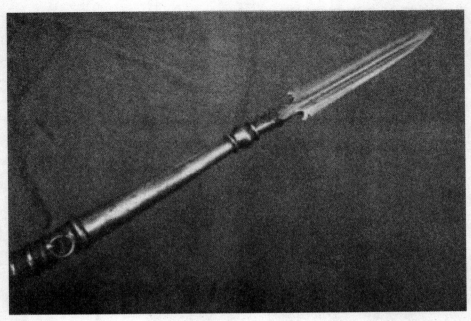

长矛

都离不开它，它的外形像卜字，这种形状的戟在战国末年已经开始使用，在考古发掘中就有这样的钢戟和铁戟。在战国时期普遍应用的青铜戟，在西汉时期已经衰落了，只是偶尔有发现。

和长戟同样重要的长柄兵器，还有矛。汉代因各地方言不一样，所以对矛的叫法也是不一样的。这时期还使用着青铜的矛，它们还沿袭着战国以前的传统。但是大量使用的，已经是钢铁制品了。随着钢铁冶炼技术的发展，铁矛的形状日趋变大变重。汉代的戟和矛，除了装有长柄的以外，也有装短柄的。

在汉代，青铜剑几乎绝迹了，在战国末

年已经开始使用钢铁的基础上，使钢铁兵器有了迅速的发展，西汉的部队中普遍地装备了钢铁剑，且剑身更长，工艺质量更高。在广州西汉早期墓里获得的七柄铁剑中，最长的那件长达124厘米。

除了剑以外，在汉代开始兴起了一种新型的短柄兵器，就是大型的铁刀，这种兵器在战国时期还没有出现。刀的出现，是和西汉时期冶铁炼钢技术的发展分不开的。在西汉初年铁剑是主要的短柄兵器，但是当刀出现以后，它就逐渐被排挤了。在洛阳西郊汉墓里面，出土了铁刀二百零四把，但是其中长度32.4厘米以上，可以作为兵器使用的，仅占总数的四分之一。随着钢铁冶炼技术的进一步发展，东汉时期炼钢技术已经可以用来制造兵器，出现了质量优良的钢刀。

除了上面介绍的弓、弩、戟、矛、剑、刀外，大铁锤也是厉害的兵器，张良刺杀秦始皇时，准备的兵器就是大铁锤，重达一百二十斤，张良本来是战国时期韩国五世相门之后，秦兵攻破韩国都城的时候，他遣散了家童，变卖家产，四处寻找能刺杀秦始皇的英雄豪杰，终于在东海找到了

汉代铁兵器

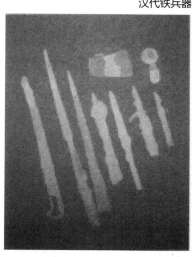

钢铁兵器登上历史舞台

一个力贯千钧的大力士。等到秦始皇巡游经过博浪沙（今河南原阳县）的时候，张良同大力士用一百二十斤大铁锤偷袭秦始皇的銮驾，可惜没有击中。此后，在秦末农民起义中，张良率部投奔刘邦，并助其击败项羽，为汉朝的建立立下大功，被封为留侯。

汉代的防护装备，仍然以铠甲和盾牌为主。先说盾，汉代盾的材质分为木材、动物皮骨、铁等。用铁制的盾牌，在楚汉之争时就有使用了，在著名的鸿门宴中，樊哙手中拿的就是铁盾。后来在铁盾的上面再安装上下两个锋利的钩子，就成了一种新型的兵器——钩镶。这样一来，既可以用它来钩阻敌方的兵器，又可以用来钩刺对方。

汉代的甲胄，主要是玄甲，也就是铁铠。战国末年铁铠已经出现在战争舞台上，但是直到西汉时期，铁甲才逐渐完善，排挤了传统的皮制甲胄，占据了主要的地位。

汉朝时期是我国古代铁制兵器发挥重要作用并得到迅速发展的时期，在下一个历史时期，由于战争的需要，铁制兵器又有了一定发展，并逐步成为古代兵器的主

汉代甲胄

敦煌第二百八十五窟壁画

要材料。

（三）三国两晋南北朝时期的兵器

三国两晋南北朝时期是我国古代大分裂时期，在动荡的年代中，战争频发，此时期的兵器也获得较大改进。

魏晋南北朝时期骑兵开始增多，骑兵的装备也更加精良。骑兵使用的兵器，远射的还是弓和弩，格斗的是戟和大刀。敦煌第二百八十五窟的壁画，为我们介绍了当时骑兵的典型形象，他们头戴钢盔，身披铠甲，骑着穿有护具的战马，手里拿着长柄的矛，腰间挂

钢铁兵器登上历史舞台

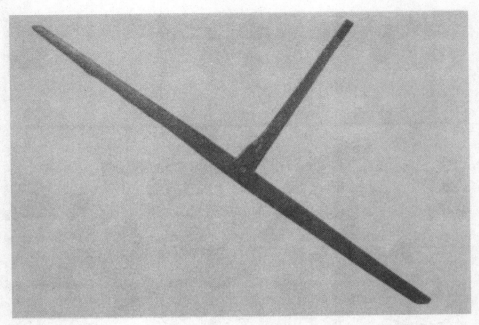

卜字戟

有弓，骑兵也使用弩，但更多人使用的是弓箭。

在从东汉到三国时期，骑兵使用的主要还是戟，戟还是"卜"字形状，除了长戟之外，还常常携带短戟，也叫手戟。到南北朝时期，骑兵还使用戟，但戟的形制也有了很大的变化，那就是将"卜"字形改进了，使戟的外貌变得像一把两尖的叉形。

强弩在汉代已经是主要兵器，到了魏晋时期，这种兵器又有了进一步的发展。一方面是加强了弩的强度，部队中装备的弩，除了用脚踏张的以外，腰引弩也被普遍使用；另一方面是改进了弩的架构，使它一次可以

身着铠甲的人物像

发射较多的弩箭。

在南北朝开始流行一种新型的更为精坚的铠甲。由于这种铠甲的胸前和背后各有两面金属圆护，很像闪光的明镜，在战场上，金属圆护反照太阳的光辉发出明光因此这种铠甲被称为明光铠。曹植的《先帝赐臣铠表》记录的几种名贵铠甲中，就有明光铠。这表明这类铠甲，在三国时已经出现，但却属罕见的名贵铠甲，其原因可能是明光铠的制造技术要求更高的缘故。在北朝末年明光铠非常盛行，这种铠甲是一种防护力很强的精良铠甲。

南北朝铠甲

钢铁兵器登上历史舞台

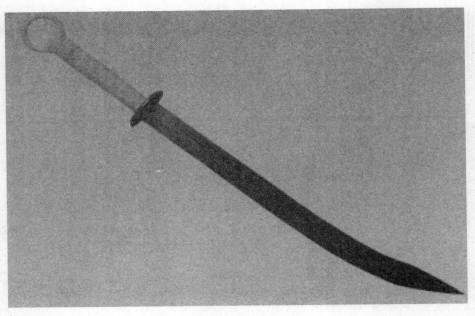

长刀

　　魏晋南北朝时期的防护工具,除了铠甲之外,新增了防护面部的面具。例如永嘉年间夏口之战中,晋将朱伺就用"铁面"自卫,然后用弩机射死敌方好几个将领。配合铁铠使用的装备,还有带有长钉的铁屐,那是专门用来攀登城墙的,石勒进攻刘濯时,军队就使用过这个装备。

　　以上大致介绍了三国两晋南北朝时期的兵器,这些兵器装备比两汉时期有了很大的改进,除了因为当时军事上的需要外,最重要的原因是生产技术的发展进步,尤其是钢铁冶炼技术的进步。这也加速了南北朝时期进攻性兵器的发展,防护装备的质量也随之提高,于是兵器装备的生产达到了新的高度。

四 古代的车战和战车

秦始皇帝陵出土的铜马车

（一）先秦时期的车战和战车

车战是先秦时期最主要的战争形式。在春秋战国时期，著名的爱国诗人屈原在楚辞《国殇》中，生动地描绘了车战情景，深情地讴歌了保家卫国的车兵在战场上的英雄事迹。在《国殇》中，涉及的车战装备有：吴戈、秦弓、长剑，指挥车战的有旌旗、战鼓。在实际战场上，长兵器配备还有戈、戟、矛、钺，短兵器有刀、匕首，战马尤其是辕马还有马甲。下面让我们沿着古代战车的发展轨迹，重温古代战车的历史。

在陆地上最重要的交通、运输工具就是车。据说古人受到蓬草枯干遇到风飞转的自然现象的启发，制造出了最早的轮，再加上车箱就成了车。到了传说中的黄帝时代，畜力拉车已经代替了人力。黄帝名轩辕，轩辕二字都有车，可知黄帝部族是以用车而闻名中原的。

奚仲在车制的发展中有过突出的贡献，他可能是夏初前后的人。他改进了车型，提高了车的功效，因而被任命为夏的"车正"，后世的车工们尊称他为造车的鼻祖。

车经过改进，日渐成熟之后很快投入到战争中。文献上记载的中国历史上第一次用

指南车

古代的车战和战车

车作战是在夏启伐有扈氏的战役中。

在公元前 21 世纪末，夏帝大禹在东巡时死于会稽。益临危受命继承了禹的帝位，可是各地诸侯纷纷尊禹的儿子启为帝，只有有扈氏不服新帝。夏启率兵讨伐有扈氏，双方相遇在陕西户县的甘亭。战后，夏启严令要求车左、车右、御手必须各负其责，各尽其职，否则格杀勿论。

到了商代，战车已经登上了战争的舞台。在殷墟发现的大量刻有甲骨文的卜辞中，车已与衣、甲、弓同列，且作为战利品被记载。在 19 世纪 30 年代，考古工作者在安阳小屯的车马坑中发现了第一辆商代战车。除了安

河南安阳出土的商代战车

阳，在陕西蓝田县的老牛坡也发现了商代的战车。

商汤灭夏时的主要兵力是"良车七十乘"，到了西周，武王灭商时就发展成"戎车三百乘"，西周末年，就是"其车三千乘"了。辛勤的考古工作者在周都的张家坡、北京房山琉璃河、甘肃灵台白草坡、山东胶县西庵等地发掘出一批周车，和殷商的车制基本一样。

春秋战国时期是车战最盛行的时期，早期的秦人是以善于养马而走上历史舞台的。在春秋初期，秦国因其落后的文化而备受东方各国的歧视。当时弱小的秦国已经配备了豪华的战车，由此可以推测东北列国的战车应该更加威风凛凛。

战国中期以后，异军突起的骑兵将曾经骁勇一时的战车与车战挤到了一个不显眼的位置，只是在偶然的机会，战车才能发挥冲锋陷阵的作用。战车仅仅限于做运送工作，运送战争中需要的粮草物资。

战车在历史上有很多不同的名称，《周礼·春官·车仆》中将战车分为：戎车、广车、厥车、革车、轻车五类，从大的方面统分为驰

春秋战车

古代兵器

车和革车两大类。当代学者从战斗的性能上，将战车分为攻车和守车，前者用于攻击、冲锋陷阵，后者用于设屏障、为营垒、运辎重（军用粮草）。前者为轻车，后者为重车。

古代的战车基本上都为木制的，先秦时其形状基本一样，都是独辕、双轮。轮轴上有车箱，车箱后面有门，前面无门但有横木供车上的甲士把扶。古代攻击型战车上一般有三名甲士，按左、中、右次序排列。由于战车的形状和结构上的原因，决定了车兵不可能向前刺杀敌人，只有当双方战车相错时，才能向左、右车上的敌人进攻。左方甲士是

攻城战车

古代的车战和战车

一车之首，称为甲首或车左，持弓主射，右方甲士称车右、戎右或参乘，手持戈、矛、戟等长兵器和盾牌。车左或车右都站立在车箱前的横木后面。在横木前居中的为御，佩带刀剑，专门驾车。

商代的战车基本上是由两匹马或四匹马牵引的，车上有甲士三人，车后两侧有十五名步兵，五辆兵车为一个基本作战单位。

周代的战车多数由四匹马牵引，偶尔也有两匹马或六匹马牵引，车上有甲士三人，车后有步兵七人。

到春秋时期，战争的规模日益扩大，除车上三名车兵外，车后的步兵增加到了

中国古代的正式战车乘员包括一名使用长兵器的武士、一名射手和一名御手

古代兵器

七十二人。

到战国以后，宗法等级制度森严，只有贵族成员才能充任车兵，他们是车战中的主力。那时战士在战场上的武器装备，是由参战者自己准备的，统治者只是给他们提供作战的机会。而且，贵族成员必须服从征战的命令，响应国君的号召，义务出征参战。

跟在车后的步兵"徒"，地位很低，由庶人或奴隶充任，他们是为配合车兵作战而存在的，他们的战斗热情不是很高，平时为车兵提供一切服务。战国以后，社会性质发生了急剧的变化，同时也改变了军队中士兵的成分。大批有一定自由身份的农民进入了军队中，加之战国实行按军功来赐予爵位，这就刺激了士兵们在战场上的战斗热情，他们慢慢担负起主力军的作用，步兵成为军队主体。

骑兵的产生、步兵在军队中作用的变化、钢铁兵器的产生、进行战争的地理条件的变化以及争夺城池战斗的变化，使车战这种形式受到致命的打击。汉武帝以后，战车在战争中的作用非常小。

战国时期的赵武灵王，为了对付不断

古代骑兵

南侵的游牧民族，于公元前307年，不顾赵国贵族官僚方面的普遍反对，组建了中原地区的第一支骑兵部队，并迫使贵族们接受了这一事实。

商周时期的战争，集中在黄河中下游的中游进行。进入春秋以后，战争的区域不断扩大。鲁昭公元年（公元前541年），晋军与北方的狄人作战时，因为受到地形的限制，笨重的战车不仅发挥不了应有的作用，反而使军队的行动受到限制。在这种情况下，晋军主将魏舒为了行进顺利毅然决定把车给毁了，变车兵为步兵，才取得了胜利。这次战争是车战走向衰落的一个明显信号。

古代战车

春秋后期到战国，攻占城池成为战争的主要目的。此时步兵的优越性远远胜过车兵。

钢铁兵器的使用和强弩的产生，使得车兵手中的甲胄、盾牌难以抵挡新型兵器的射杀，士兵再也不能像过去一样驾车征战。

依据大量的考古发现，西周车兵的武器装备有远射的弓，格斗的戈、戟、矛，防护的盾、铠甲。那些陪葬有青铜兵器的贵族，生前都曾在战场上拼搏过，有的还可能是献身疆场的勇士。车兵们使用的武器基本上与商代一致，少数兵器为适应战

占领城池才是最重要的

古代的车战和战车

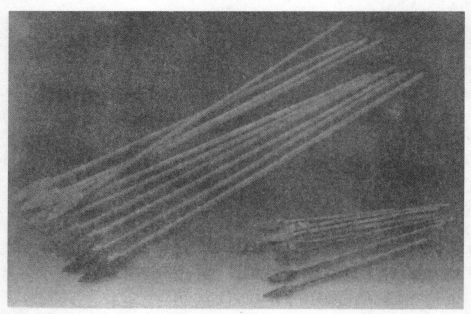

秦代铜箭簇

场的需要，有一些改进。

从春秋直至战国中期，古代的车战达到极盛阶段。将近四百年间，驷马战车的轨迹遍及中原大地，一个国家所拥有的战车的数量，已经成为该国军事实力的象征。

从《诗经》中描述的秦襄公时精良华美的战车可以看出，为了适应战车的需要，人们已经将古代车制进行了一些改进，同时也更加注重车体的外观装饰。猩红色的装饰图案，能给人以积极奋发战斗的激情，在战鼓雷鸣声中，激励着战士勇往直前，从气势上压倒对方。

春秋战国时，是战争剧烈和频繁的多事之秋。成组的车兵日趋完备，铠甲和马甲制作精细，这都适应了格斗的需要，反应了战争的激烈与残酷。

战国时期的战车士兵，要经过严格的选拔，要求奔跑速度快，身体灵巧，力量大，射术高明，各种兵器都要能娴熟地掌握。经过一段时间的训练后，车兵才能出征作战。

春秋战国以前，各国的军队还没有专职的将帅，战争时往往由国君或高级贵族担任主帅或副帅。春秋晚期以后，职业军事家相继出现，兵学成为一个专门学科，专职的将帅开始产生。秦俑坑中出土的指挥车，装饰华丽，车上有金鼓，由将领亲

秦始皇陵鞍马骑兵俑

古代的车战和战车

自擂击。这些将军俑身穿彩色鱼鳞甲，下级军官穿有彩色花边的前胸甲，头戴长冠。指挥车上的御手和车右都带有长冠，身穿铠甲。御手在秦国要经过四年的训练才能上任，这还是对一般战车的御手而言。为主帅驾车的御手要求就更加严格，他们不仅要全力以赴地驾好战车，必要时还要代替受伤的主帅击鼓，指挥战斗。指挥车上的车右，主要的职责是保护将帅的安全。

古代的车战，除选择出击的时机、有利的地形外，还必须合理的编队。先秦的战车宽度在 3 米左右，驾上战马以后的长度也在 3 米左

驾驶战车的御手

古代兵器

右，笨重的战车在战场上要灵活机动地改变队形是非常困难的。为了避免敌人从间隙中突袭，车战一般采取横向密集型的编队布阵，同列的各车间，第一队与第二队之间必须保持恰当的间隔距离，过密则相互影响，过稀又不能有效地击伤敌人。古代战车的具体编队，要视在战场上的具体情况而定，将帅要依据变化了的敌情做出新的编配。古代的战车发展到战国、秦代时，已经定型，制作水平也达到新的高峰。

（二）秦朝以来的车战和战车

战车并非在一夕之间就退出了战场。在秦

1975年在湖北云梦睡虎地沉睡了两千多年的秦代竹简面世

兵马俑坑中，虽然骑兵与步兵占据了主要兵种的地位，但三个俑坑内依然还有一百三十余乘战车，驷马战车、雄赳赳的车兵还是风采依旧。秦代的车制虽然与商周一脉相承，但各部件的尺寸大小仍然有相当大的差异，一般都是增大。

《云梦竹简》是中国考古学史上的一项重大发现，它的内容涉及战国晚期到秦始皇三十年（公元前217年）之间政治、经济、文化、军事等各个方面，为研究那段历史提供了前所未有的丰富资料，帝国形成前那段历史逐渐被人们所了解。从秦墓的竹简上看，

车马坑

政府对战车的制造及维护，已经以法律的形式固定下来。制作同一种器物，其大小、长短、宽度必须相同，对制作的产品有严格的检验制度，甚至对保养车辆所用的胶、油都有规定。

楚汉战争时期，夏侯婴指挥的战车在战场上还发挥着很大作用。到了汉武帝时期，为了抗击北方匈奴铁骑，训练出大量的骑兵。至此，夏商以来的战车才终于走完了它两千年的历史征程。在汉代以后有大量双辕车，主要任务除了乘坐就是运军用的粮草，为了满足军事需要。真正投入战斗的双辕车则是以车为营，用于防御。西汉时的李陵、卫青，三国时的曹操、田豫，

古代的车战和战车

塞门车

晋代的马隆，唐代的马燧，北宋的李继隆，明代的戚继光，他们都曾经将车组织为临时的营垒，以防御敌人的进攻。

至于唐代时出现的并用于战争的"撞车""火车"，宋代的"巷战车""塞门刀车""皮篱车"等，在战争中只是偶尔才出现，它们已经不是真正意义上的战车了。

五 乘风破浪的古代战船

（一）古代战船登上战争舞台

水战是中国古代主要的战争形式之一，水军和骑兵、步兵、车兵一起构成了中国古代军队的四大兵种。而形式各异的战船是水军作战的必需装备，战船是用于水上作战的武器船舶，制造技术的进步和水战的发展，促进了战船形制和性能的不断改进。

在 20 世纪 70 年代，考古工作者在浙江省余姚县河姆渡新石器时代遗址中发掘出几把木桨，这是我国发现的最早船具，距今已有七千年。其后在河湖密布的浙江省又陆续发掘出一些船桨，它们或者是用一块木板稍

仿宋古战船

作加工而成，或者是将稍宽的桨面和窄长的桨柄组合在一起而成，桨面的宽度在10厘米—26厘米之间。当时生活在水乡的远古居民，借助独木舟一类的简单船只，扩大了他们的活动范围，增加了部落间的往来。

　　春秋以前的夏、商、西周，主要战场和文化中心都是在黄河流域的中原地区，这里开阔的平原和为数不多的河流湖泊，决定了战争的形式以车战和步战为主，水战几乎没有存在的可能。西周时的文献中也只有军队渡河的记载，而见不到水战的记录。

古战船

春秋之际的政治纷争导致了列国间不断地发生战争，内战的次数和规模不断升级。南方的吴国、越国、楚国和黄河下游濒临东海的齐国实力逐渐强大，为了角逐中原称霸，为了控制和拓展自己的国土，彼此之间经常以战争的手段解决争端。尤其是江南的吴、越、楚地江河密布，民用船只是他们唯一的水上交通工具。当战争频繁之时，为适应战事的需要，建立水军改装民船势在必行，几乎是在一夜之间，战船就应运而生了。

帆式古战船

古代文献中最早的有明确纪年的一次水战，是在公元前 549 年的夏天，以楚子为统帅的楚国水军向吴国发动的战争。由于文献记载简略，这场战争的规模与结果都不太清楚。二十四年后的公元前 525 年，吴国和楚国间又发生了一场水战，司马子鱼受命率楚国水师迎战，战前他向令尹阳问卜，卜算的结果是不吉。司马子鱼不解地问："我从上游击敌为何不吉？"偏不信邪的子鱼积极备战御敌，不仅大获全胜，还俘获了吴国以余皇为名的先王之乘舟。那时，吴、越、楚之间的水战经常在江上，战术的运用

乘风破浪的古代战船

已经有了相当的水平，对顺流而战和逆流而战的进攻与退守能够娴熟地掌握。

春秋时的水战已经相当频繁，冬季江河上风大水冷，为保护水军士兵的皮肤手足，吴国人使用了防止手裂的药。

北方地区只有齐军中设有水军。齐国东面是浩瀚的东海，有一年吴王夫差领兵北进，从海上攻打齐国，双方水军在海上交锋，吴军失败，吴王夫差无功而返。

吴越的战船依据船只的大小，有大翼、中翼和小翼之分。大翼宽一丈六尺，长十二丈，船上有五十名水手，三名领航员，二十一名战士，吏、仆、射长各一人，其他人员十二名，共九十一人，配备有长钩、矛、长斧、弩、箭等兵器。

东周时期的水战维持在较小的规模和范围内进行。人们对水战已经进行了理论的总结，《孙膑兵法·十阵》中列有《水战之法》。

秦始皇统一六国之后，建立了中国历史上第一个统一的封建王朝。为了维持封建帝国的安全，秦王朝的军队中既需要有适应在漠北战斗的轻车锐骑，也需要有适应江南水乡和保卫漫长的海岸线的水军和

帆式古战船

宋代古战船

战船。特别是秦军为了统一岭南，战船更是
必要的军事装备。对战船的需求，促进了造
船工艺的发展，从近年来在广州市发现的一
处规模巨大的秦汉时期的造船工场的遗址，
可以看到当时的发展情况。在造船工场遗址
发现了三个平列的造船台，还有木料加工的
场地，反映出当时造船的规模和水平，也说
明了秦军到达了番禺（今广州）以后，曾经
赶造过大量的供军用的船只。在秦王朝军队
的编制中，正式有了水军，称为"楼船之士"。

到了西汉时期，仍然沿袭着秦代的称水
军为楼船之士的制度。汉朝根据地区的不同，

乘风破浪的古代战船

古代水军训练营

按自然条件和生活习惯各方面的差异，选择和训练兵员。水军多来自江淮以南的水乡和齐鲁沿海一带，而且数量众多。汉代水军除了在军事技术和装备方面与步、骑、车兵不同外，在服装方面也有自己的特点，他们都头戴黄帽，所以又称为"黄头郎"。这是根据五行相克的说法，认为土胜水，而黄色是土的象征，所以水军的帽子就必须用黄色了。除了从各郡征调的大量水军外，在汉王朝中央掌握的军队里，也训练有一支精锐的水军部队，即"羽林黄头"。

秦汉时期水军的发展，也是和当时造船

技术的发展分不开的。根据广州发现的秦汉造船场的船台滑板推算，当时所造船的宽度在 3.6 米 —8.4 米之间。再看秦代所开灵渠通船的陡门的宽度，一般在 5.5 米左右。由此看来，当时一般船的宽度可能在 5 米左右，少数大船也可能宽近 8 米。有人根据已经发现的汉代船只模型的长宽比推算，宽 5 米的船长度可能在 20 米左右，载重约 25—30 吨。可惜的是，直到目前为止我国从两汉墓葬中所获得的木质或陶质的船只模型，所模拟的都是较小的船只，

灵渠

乘风破浪的古代战船

汉代楼船复原模型图

所以很难勾画出当时的大型船舶的真实面貌。

（二）古代各种类型的战船

作为水军主力船只的是楼船，因船上建楼而得名。它是以战国时期一种两层甲板的战船为基础发展起来的，形体很大，据说可高达十余丈。因为船上建楼，便于居高临下攻击敌船。因为它是水军主力，所以水军和他们的将领就都以它来命名，分别称为"楼船士"和"楼船将军"。这种大型战船可以沿近海的航道航行。

到了三国时期，战船的建造技术和形制，基本上还是沿袭着汉代的传统，只是风帆的装备较普遍了。这一时期最大的一场水上战斗，仍旧是在长江里进行的，那就是有名的赤壁之战。在这一场孙刘联军大败曹军的战役里，决定水战胜负的并不是双方的战船，而是由于东吴的主将周瑜能以己之长，击敌之短，利用火攻出奇制胜。用来突击曹军船队的纵火船是数十艘的蒙冲斗舰，它们乘风纵火突然袭击曹军船队，曹军大败。

三国时的战船，主要的作战舰种是蒙

赤壁之战使用的古战船

冲斗舰，曹操所得荆州刘表水军的战船，也都是这种船。

从南北朝到隋唐，水军装备的主要舰船的种类，大致和汉魏变化不大，仍是楼船、蒙冲、战舰、游艇，只增加一种左右置浮板形如鹢翅的"海鹘"，它的抗沉能力强，稳定性能好，即使在海上遇到汹涌的波涛海浪，仍然可以乘风破浪前进。

但是，有两点特别值得注意，那就是在战船的动力方面，除了利用桨帆外，出现了车船，车船是在魏晋南北朝和隋唐时期造船水平有了进一步发展的基础上，发明出来的。

车船，采用了连续转动的轮形桨，主要是用人力以脚踏动的，轮桨激水，使船前进。晋朝祖冲之设计的"千里船"，速度很快，可日行千里，可能就是一种车船，但没有留下详细的记录。到了唐代，唐太宗李世民的玄孙李皋也曾制造了有两支轮形桨的车船。

从南北朝开始，水军中配备了一种专用武器——拍竿。它是火器生产前水军使用的重型兵器，专门对付敌方大船。拍竿顶端往往系有巨石，当与敌船接近时，用以拍打敌方舰船上的防御设施，威力巨大。但对于它的具体形制和使用方法，还不是很清楚。早期的拍竿十分笨重，操作颇为困难，实战

《武经总要》中装有拍竿的楼船

中拍击一次后，很难再次使用。虽然如此，还是因其威力而广为使用。拍竿在北宋有了新的变化。北宋末年杨幺在洞庭湖发起了大规模的农民起义，起义军生产出大批装有拍竿的高速车船，用这种车船与官军作战时屡屡获胜。这种拍竿能在较短的时间内连续使用，给对方舰船以沉重地打击。

（三）古代战船生产的黄金时期

宋代是中国造船业发展的繁荣时期，内河中航行的战船有了进一步的创新，海上行驶更是获得了长足的进步。

北宋时期政府专门设立了造船机构，负

航海指南针

责生产各类船舶，全国的年生产量达六七百艘，并专门制定了整修战船的规章制度，使战船的制造技术和管理更加科学化。这时，水战的规模越来越大。

宋代的航海业比较发达，在科学技术推广中最重要的一项是使用了指南针导航。当时的所有航海战船和民用船舶上都安装有指南针，船舶上的导航员依靠指南针，确定航行方向，这个先进的发明保证了船舶可以全天候工作。

　　指南针是我国古代四大发明之一，它是由古代的辨认方向的司南发展而来的，传说司南是轩辕黄帝发明的。战国时司南已被用在日常生活中，东汉司南的形制像一个圆底勺子，把它放在刻有方位而又光滑的地盘上，其柄可以指南。但由于用天然磁石制作司南时，常因受打磨而失磁，所以司南的磁性不强，限制了司南指示方向时的精确性。北宋初期是继汉唐盛世后，中国古代社会又一个繁荣富强的时期，人们在人工磁化和使用磁针的方法上有了新

司南

乘风破浪的古代战船

的突破，发明出真正意义上的指南针。

北宋时人们已经学会了制造人工磁体。制造人工磁体的方法有两种：一种是把铁片剪成鱼形，放在火里烧红，趁热夹出，顺南北方向放在地面上，冷却后铁片因受到地磁感应而带有了磁性；另一种方法是把钢针放在磁石上摩擦，因传磁而使钢针上带有磁性。北宋有四种不同的针形指南针。指南针一经发明，便很快用于舟船导航。航海事业的发展，促进了中外海上通道文化交流的繁荣。12世纪以后，指南针传到了阿拉伯世界和欧洲，推动了世界航海业的进一步发展。

宋代内河战船的突出成就表现在车船的普遍使用和新型船型的涌现上。宋代新出现的船型有：多桨船、无底船、海船、海鹘战船等。

多桨船是一种中型快速战船，南宋时创制。船首尾尖，便于破浪前进；船底平阔，适应范围广，无论是内河还是出海，均可迎敌。它长8.3丈，宽2丈，用四十二桨，可容二百名水兵乘行。

无底船是小型战船，当中无底，近敌作战时，故意诱敌跳进自己的战船，使敌

明代无底船

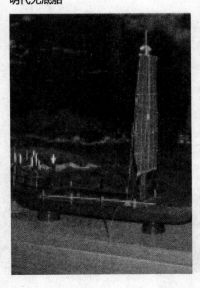

古代兵器

092

明代木帆船

人落水而死。公元 1272 年，张贵一次就制作了这种战船百余艘。

宋代的海船均为木帆船，有平底方尾的沙船和乌船，也有尖底尖首的福船。福船因产于福建而得名，它尖底、尖头、方尾，底部设单龙骨，利于深海破浪，是古代最先进的深海远航木帆船。

海鹘战船是南宋初的一种攻击型战船，两舷有铁板以加强防护，船首有锋利的铁质尖刺，船体长 10 丈，共十一个舱，可载水兵一百人，水手四十余人，是记载中最早使用金属材料造的船。

明代是古代造船技术和航海事业发展的高峰阶段，在宋元海船制造技术的基础上，以沙船和福船为基本船型，设计制造出一批新型战船。

明代中央政府设工部和内府监局，主管全国的兵器生产。都、水、清、史司是工部的四个职能司之一，负责战车、战船的生产工作。当时造船工场遍布全国，南京成为全国的造船中心。宣德年间的南京新江口造船场，船的年产量达三百一十九艘，至嘉靖时期，年产量达四百余艘。南京市三叉河的中堡村，相传是明代的宝船场遗址，考古工作者先后

郑和宝船模型

明代两头船模型

在这里发现 11.07 米的大舵杆和一些船上的设备、构件。

宋明时期出现压舱技术，大型龙舟用几十万斤的铁锭压舱；四层高的福船，最下面一层用土石压舱。压舱的目的，是使船舶重心下移，增强航行时的稳定性。

古代水军训练中，对士兵的水性训练十分严格，多招募沿江沿海地区的水上人家子弟当兵。南宋镇江知府赵善湘训练水兵时，常沉黄金于江，让五百名水兵潜水探寻，谁捞取的黄金归谁。久而久之，训练出的水兵，能在水底潜行数里。南宋抗金名将刘琦屯驻扬州时，就

乘风破浪的古代战船

明代战船

明代战船

曾让水兵潜入水下，凿沉金兵满载而来的运粮船。

像其他兵器一样，明代战船的种类也比较繁多，战船的型号有福船、广船、沙船、鹰船、两头船、火龙船、子母舟、连环舟等。

两头船是明代航速最快的船，属快艇类战船，船的两端各置一舵，进退自如。

明代专用于纵火的战船有火龙船、赤龙船、连环舟及子母舟。子母舟是一种威力巨大的水上爆破船，母船后部只设两边帮板，腹内藏一小舟。母船舱内装满火药及纵火器材，前面装有狼牙钉。作战时用钩拒搭住敌船，拴上缆索，然后点火燃烧母船，引敌船起火，自己船上的士兵乘小舟而归。

南宋末年，元军占领了中原地区，在元军的追赶下，陆秀夫、张世杰保护着年幼的卫王逃亡海上，集合了最后一支官军，用船只在海上安营设寨。虽然是处于末期的宋代水军，但巨型战船仍有千余艘，可以想象在强盛时期宋朝水军战船是非常多的。张世杰抛锚海上，大船居中，小船在外，彼此用绳索相连。元军发动水兵攻打，放火焚烧，竟不能使船寨有丝毫损伤。元军改变战术，围困船寨达半个月，最后才在浓雾风雨的掩护下，攻克了船寨，张世杰沉船身亡，陆秀夫背卫王投海自尽。

明代中期，抗倭名将俞大猷和戚继光都曾率领强大的水军，在沿海与进犯的倭寇进行海战，取得了多次胜利，基本上平定了东南沿海的倭患。戚家军是一支能征善战的军队，戚继光出身于将门，是明代杰出的军事家。他严格治军，总结出获取海战胜利的两个必要条件：一是制造高大坚固的战船；二是在作战中尽可能应用火器，靠火攻取胜。

第一支航行远洋的中国海军船队，于1405年由宦官郑和统领组成。第一次远洋船队有各

郑和宝船

种舰船 200 余艘，仅大型"宝船"就有 62 艘，共载士卒 2.75 余万人。宝船是舰队的主力船舶，长约 150 米，宽约 57 米，舵杆长约 11 米，有 12 帆，船上可乘 1000 名乘客，它是当时世界上最大的木制风帆海船。郑和前后七次历时二十八年的下西洋远航，不仅是封建社会造船和航海事业高峰的标志，也是水军史上最壮观的航行。

宋代以后的战船上除装备各种冷兵器外，还大量地配备了火器。如专用于射烧敌人船帆的有刺火箭和喷筒、管状火炮，还有一种用手掷的引火器火飞抓，扔出去以后，可以扎在敌方船、人身上，焚烧敌人的船只和士兵。还有一种非常巧妙而有效的、专门破坏敌方船体的水老鸦，也是

冷兵器钩拒

一种火器。

　　水军中有一种必不可少的冷兵器钩拒，相传是春秋时鲁班发明的，是为双方船近战而设计的。柄为竹子做的，长一丈五尺，顶端有弯曲的铁刃，可将敌船推开，也可将敌船钩住，铁刃可钩割敌船上的绳索，破坏船篷、船板、船帆。几支钩拒同时发力，还可以钩翻敌船，是一种攻守兼备的冷兵器。

　　明末清初的战船，在世界上仍是最先进的。清初民族英雄郑成功是位杰出的军事家，他以厦门、金门为根据地，训练出一支纪律严明、兵锐将勇的水陆军队。他拒绝了清廷的多方劝诱，屡胜清军，威震东南沿海。在收复被荷兰占领达

乘风破浪的古代战船

民族英雄郑成功

三十八年之久的台湾时，率 2.5 万余人，三百五十般大小舰船，出奇制胜，一举光复台湾，维护了祖国的统一。

　　清代中后期，政府实行了海禁和闭关锁国的保守政策，此举不仅阻碍了航海业的进一步繁荣，也导致了千余年独步世界的领先的造船术陷于停滞不前的状态。与此同时，原本落后于中国的西方造船业，随着近代工业革命的产生和殖民政策的推行，却很快地完成了战舰装备火器化，动力装备蒸汽化和船体结构军事化的巨大飞跃。

六　威力无比的古代枪炮

（一）火药初露锋芒

　　宋代初期，火药开始在战场上出现，这标志着人类战争史上火器与冷兵器并用时代的开始。北宋时期，正是中国古代火器的创制与冷兵器继续发展的时期，由于统一战争和边防的改善需要，建立了一个以东京（今河南省开封市）为中心的全国兵器制造体系，大量制造兵器。由于朝廷的鼓励，各地开始纷纷创制火器。

　　说到火器的发明和使用，首先要谈到火药的发明。古代火药以硝石、硫磺、木炭或其他可燃物为主要成分，其混合物点火后能迅速燃烧或爆炸。它是中国古代的四大发明

火药是中国四大发明之一，是人类文明史上的一项杰出成就

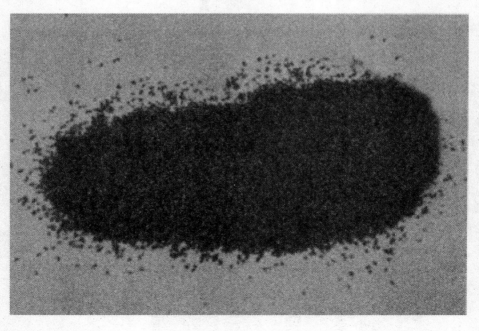

古代兵器

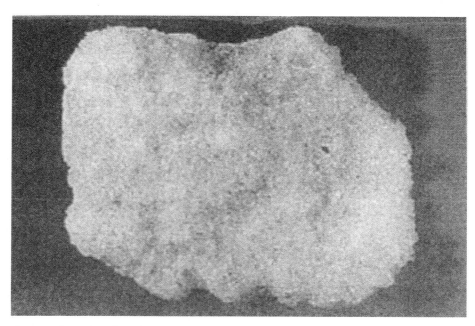

之一，对于世界文明的发展起到了重大作用。

硝石是制造火药的原料之一

　　火药是现代黑火药的前身，它的三种主要成分是硝石（硝酸钾）、硫磺和木炭，按比例将上述三种粉末混合在一起，就成为火药。对合成火药的这三种成分的认识，是比较早的，除了木炭外，硝石和硫磺早就被列入药物类。在汉代成书的《神农本草经》中已把它们分别列入上品药和中品药了，至于对它们的进一步认识和将它们组合在一起的实验，则是和炼丹术的发展分不开的。

　　秦汉时期，封建皇帝为了长久保持他一个人的统治地位，多祈求长生，尤其以秦始皇和汉武帝最为迷信，一直在寻求长生不老

威力无比的古代枪炮

之药。由于最高统治者的追求和提倡，于是炼制长生不老仙药的方术——炼丹术逐渐发展起来。以后经东西两晋南北朝直到唐代，炼丹家的活动持续不断，在获得长生的仙丹和掌握炼金术等欲望的驱使下，他们大胆地进行各种实验，虽然成仙的幻想终成为泡影，但在这个过程中却发明了火药。在炼制丹药时意外事件常常发生，往往被涂上神奇荒诞的色彩。因为这种药料能够发火，所以得到火药的名称。

火药用于兵器并投入实战，大约始于唐代末年，当时使用火药只是作为传统火攻战术的一种手段，利用火药燃烧性能去改进传

黑火药

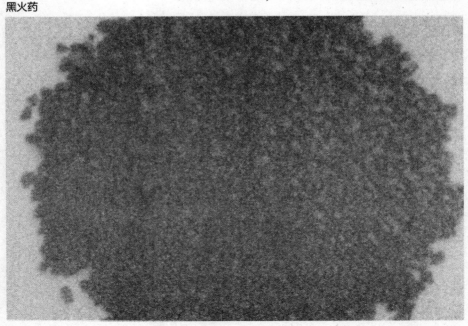

统的火攻兵器，造成新型的火箭、火炮等兵器。
但是关于这一点，还只是根据一些文献中不是
很明确的记载进行的推测。一般认为唐德宗时
李希烈的部下用方士的计策，烧毁了刘洽的站
棚等防御设施是利用了火药兵器。在北宋初年
军队中已经装备使用火药的兵器，宋太祖开宝
八年（975 年）灭南唐时，使用过用弓弩发射
的火箭和火炮，正是因为改用装有火药的弹丸
来代替石弹，于是从原来的"砲"字改为"炮"
字了。以后不断有关于制造火药兵器的记录。
然而最完备的还是《五经总要》中关于火器和
火药配方的记载。

早期的火药兵器属于传统的火攻纵火兵器

威力无比的古代枪炮

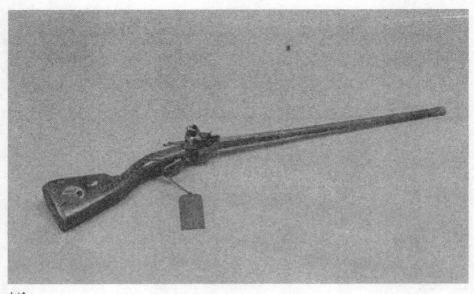

火枪

的范畴，有比较轻便的用弓弩发射的火箭，将原用的油脂等燃烧物质改换成火药筒，所装火药的轻重以弓力为准，当箭射中目标后可引起燃烧；还有采用内装火药的圆形炮弹和用竹子做芯，外面裹薄磁片和火药制成的"霹雳火球"，可爆出雷鸣般的巨响。

（二）力量强大的古代火枪

火枪，是对古代喷射和射击性管状火器的统称。随着岁月的流逝，它们自身也不断获得改进，其名称也因时代的不同而有所不同。宋代称它们为"火枪""突火筒"，元朝和明朝初称"火铳""火筒"，明代晚期和清代又称"鸟铳""鸟枪"。它们的出现，是中国古代兵器发展历程上一个划时代的变化，标志着一个崭新的、热兵器时代的来临。从此，在激烈厮杀的古代战场上，不仅有刀光剑影的金属撞击声，还增添了弥漫着的硝烟与枪炮的震天吼响。

大约为公元 950 年绘制的敦煌莫高窟彩色绢画上的火枪图案，是我们见到的中国最早的火枪。据李约瑟和鲁桂真两位博士的研究，这幅名为《降魔变》的绢画，绘制的是释迦牟尼成佛前大破魔王波旬的故事。画面上的魔王手持一把火枪，在长筒形的金属器筒内，装着火药、金属弹丸和碎磁，点燃后，它们随着火焰喷射而出。

火枪燧发器

威力无比的古代枪炮

元代铜火铳

元至顺三年的铜火铳

在南宋出现突火枪等管形射击火器的雏形以后，经过不断改进，以钢铁制造的火铳终于走上了历史的舞台，这大约发生于元末。火铳的制作和应用原理是将火药装在管型金属器具内，利用火药点燃后产生的推力发射弹丸。它具有比以往任何兵器都大的杀伤力，实际上这正是后代枪械的最初形态。

元朝末年，金属管型射击火器的使用已较多。元代铜火铳已形成规范的形制，一般都是由身管、药室和尾銎三部分组成。由于以铜铸的管壁能耐较大的膛压，可装填较多的火药和较重的弹丸，又因它使用寿命长，能反复装填发射，故在发明不久便成为军队的重要兵器装备。

元末明初，火铳已是元军和农民起义军都使用的主要兵器之一。特别是明太祖朱元璋在重新统一中国的战争中，较多地使用了火铳作战，在实战中不断地对火铳进行技术改进，到开国之初的洪武年间，铜火铳的制造达到鼎盛时期，结构更趋合理，形成比较规范的形制，制作数量也大为提高。

观察从北京、河北、内蒙古和山西等

地出土的洪武年间制造的铜火铳，可以看出其形制比较规范，大致是前有细长的直体铳管，后接椭圆球状药室。

　　火枪出现后，以其灵巧、轻便、威力大的优点，迅速地获得了普及。截止南宋，初级阶段的火枪，都是将毒火药、铁渣、瓷片等装进用竹或纸做成的筒内，外接引火索，战斗时靠点燃导火索，将筒内物喷射到敌人身上或建筑物上。南宋之际，金人的飞火枪和宋人的梨花枪是将上述的药筒绑在长枪头上，形成可刺、可喷射的双用枪。金人的飞火枪用黄纸十六层卷成药筒，长二尺，筒内装柳炭、铁渣、瓷片、硫磺、砒霜，用绳系

永乐年间制造的铜火铳

在枪端，作战时用火点燃，它既能喷火，又能喷射铁渣或毒药，喷射后长枪仍能和普通枪一样刺杀敌人。

南宋时在梨花枪的基础上又新创造出一种射击型的火枪——突火枪。1259年，在安徽寿县发明出这种射击型的管状火器，与火药同装在竹筒内的是用小铁丸制作的散装子弹。它被装备在军队中，在抗金、抗元的战斗中得到广泛应用。与此同时，还生产出一种用短而粗的竹筒制造成的类似突火枪的火筒。于是，学者们认为，突火枪与火筒是近代射击型武器枪和炮的始祖。

明代火枪发展极快，无论是品种、数量、

突火枪

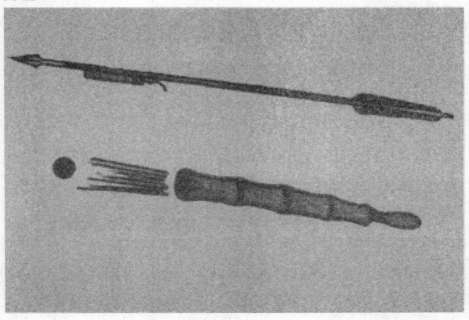

性能，还是技术都大大超过前代，达到我国古代火器生产的鼎盛阶段，这主要是由于火药性能的提高和制造技术的进步。在16世纪中叶，出现了一种轻型管状射击火器，是小型而轻便的火铳，又称鸟枪。因其可以在三十步之内击中鸟雀，故名鸟枪。鸟枪由枪身和枪床两大部分构成，枪床长约5尺—7尺，后部有弯曲的把手，枪身用熟铁锻造而成，长约3尺。

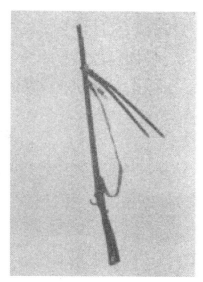

鸟枪

（三）力量巨大的火炮

用竹或纸制成的药筒作战时容易燃烧或炸裂。从元代起，古代的兵器专家将它们改制成铜或铁的金属筒，克服了这种弊端。筒粗大者称为炮，它由前膛、药室、尾銎三部分构成，内装火药，发射石弹、铅弹和铁弹。金兵将领郭蛤蟆在金朝已宣布灭亡后仍不投降，坚守孤城，把能搜罗到的金银铜铁全部集中起来，铸成火炮攻击来犯之敌。但是枪和炮发展为两个系列是在从明朝开始的。

明朝洪武年间的火铳，其形体细长，重量较轻，应是单兵使用的轻型火器，亦可称手铳。明洪武年间还有一类口径、体

威力无比的古代枪炮

火铳

积都较大的火铳，也称碗口铳。洪武年间制造的手铳和碗口铳，正是直接继承了元代火铳的形制发展而成，轻重有别，后来很快发展成枪、炮两个系列。

洪武初年，火铳由各卫所制造，明成祖朱棣称帝后，为加强中央集权和对武器装备的控制，将火铳的制造重新改归朝廷统一监制。早在洪武十三年（1380 年），明政府就成立了专门制造兵器的军器局，洪武末年又成立了兵仗局，永乐年间的火铳便由这两个局主持制造。永乐年间的火铳制造数量和品种都比洪武期间有了更大的增长，同时提高了质量，改进了结构，使之在战斗中能发挥更大的威力。

从明初开始，军队中普遍装备和使用各式火铳。根据史书记载，洪武十三年（1380年）规定，在各地卫所驻军中，按编制总数的十分之一装备火铳。洪武二十六年（1393年）规定，在水军每艘海运船上装备碗口铳四门、火枪二十支、火攻箭和神机箭二十支。到永乐年间，又创立了专门习枪炮的神机营，成为中国最早专用火器的新兵种。明代各地的城关和要隘，也逐步装备了火铳。洪武二十年（1387年），在云南的金齿、楚雄、品甸等地，也配置了火铳加强守备。永乐十年（1412年）和二十年（1422年），

战车火铳

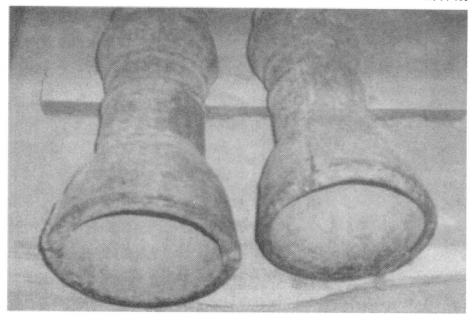

威力无比的古代枪炮

弗朗机炮

明成祖先后令在北京北部的北平、宣府、大同等处城池要塞架设炮架，备以火铳。到了嘉靖年间，北方长城沿线要隘几乎全部构筑了安置碗口铳的防御设施。火铳的大量使用，标志着明代火器的威力已发展到一个较高的水平。但是当时使用的火铳，还存在一些难以克服的缺陷，主要有装填时间长，发射速度慢，射击不准等，因此它只能部分地取代冷兵器。所以在明军的装备中，冷兵器仍占重要的地位。

明代后期有一种著名的炮型，它是从外国传入并被仿造的弗朗机炮。明代人称西班牙人、葡萄牙人为弗朗机人，故称他们的火炮为弗朗机炮，也简称为弗朗机。明代人仿制弗朗机形制，生产出五种新式弗朗机，它们是弗朗机铳、万盛弗朗机、马上弗朗机、拐子铳、百出先锋弗朗机。

标准的弗朗机炮是种重型火炮，用铜铸造，身长五六尺，大的重一千多斤，腹部膨大，留有长口，炮身外面用木包住，并加上防止炮身炸裂的铁箍；另有子炮5门，在子炮内装填弹药，轮流安在炮身腹部的长口内发射，射程可达百余丈。这种炮的特点是母炮和子炮分离，是后装炮的一种

明军弗朗机炮复原图

形式，炮身前有照星，后有照门，不仅提高了命中率，还加快了单门炮发射炮弹的射速。人们对这种火炮十分珍爱，称其为"将军""大将军""夺门将军"，被广泛应用在攻城战斗中。

在弗朗机式火炮传入我国之前，明代主要盛行的是铜铁类的金属火炮，但也有少数的炮是用竹或木制作的。现在最早的铁火炮是明洪武十年（公元1377年）的将军炮，炮身粗短，上有三道铁箍，通长100厘米，口径21厘米，尾长10厘米。在此之后，为了克服前期火炮笨重和每次只能发射一枚炮弹的不利因素，明初还研制出大碗口筒一类

威力无比的古代枪炮

的火炮，两头可以同时装填火药和弹丸，一头发射后可掉转炮筒发射另一端。明武宗正德年间又生产出分次轮流连续装药和弹丸的后装火炮，因而加快了射速。其后为便于移动炮位，增加火炮的机动性，发明了用人力或畜力牵引的双轮、三轮、四轮火炮。

明代末年郑成功军中的铜炮十分庞大，重达万斤，炮身长一丈，发射的炮弹每颗重二十四斤，射程可达两千米以上。这种号称"大将军"的巨炮，在收复被荷兰殖民者侵占达三十八年之久的台湾时，发挥了巨大的作用。郑成功率领 2.5 万余名将士，乘数百艘大小舰船，从金门的料罗湾出发，经澎湖，在鹿耳

明代铜炮

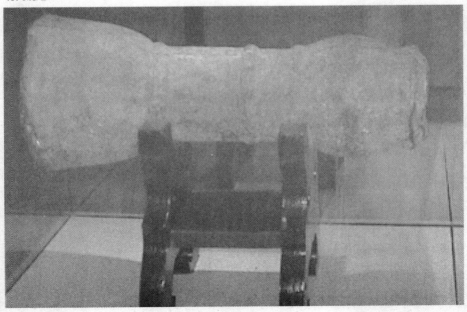

古代兵器

门登上台湾岛。登陆后，郑成功的军队长期围困防御坚固的首府台湾城，并大败外地增援而来的荷军，迫使荷兰驻台湾总督升起白旗，在投降书上签字，结束了长达三十八年的殖民统治，维护了领土的完整和中华民族的尊严。

明代的各式火器种类达近百种，到了清代，火器形制趋向单一，多数的火炮呈前瘦后胖的筒体，炮身中部有双耳，尾部有球冠，装有炮车炮架。鸦片战争后古代火炮逐渐被近代火炮取代。

铜炮

中国古代火炮发射的弹丸，有石弹、铅弹、铁弹、爆炸弹，它们多数为实心圆形，少数是实心长弹或空心的爆炸弹。

我国不仅是世界上火药发明最早的国家，也是最早将火药用于战争的国家，而且还是最早使用爆炸类火器和管状火器的国家。可是，火器始终没有主导古代战争，也没有改变战争方式。尤其是在清朝统一全国之后，这些先进的科学成果没有得到重视。清朝很少制造大炮，古老的冷兵器仍在战场上唱主角。直到鸦片战争爆发时，清军中仍是以矛、弓冷兵器为御敌的主要武器，火炮寥寥无几。

江南制造总局的炮厂机器房

　　鸦片战争的炮声，打破了清朝天朝上国的美梦，在西方的坚船利炮面前不断受到挫败，清朝统治者才意识到侵略者枪炮的威力。19 世纪 60 年代清朝统治阶级上层中的一部分官僚士大夫掀起了一场长达三十年之久的洋务运动，在洋务运动中，李鸿章于 1865 年兴办江南制造总局，标志着近代中国兵器的诞生。

古代兵器